생명체가 살고 있는 또 다른 **행성**이 있을까?

민음 바칼로레아 042

생명체가 살고 있는 또 다른 행성이 있을까?

파스칼 보르데 | 곽영직 감수 | 김성희 옮김

민음in

일러두기

1 본문 가장자리에 있는 사과 는 이 책을 통해 반드시 이해해야 하는 핵심 개념을 표시한 것입니다.

2 본문 아래쪽의 주는 독자들이 본문 내용을 쉽게 이해할 수 있도록 한국어판에 특별히 붙인 것입니다.

3 인명 및 지명 표기는 한글 맞춤법 통일안 및 외래어 표기 규정을 따랐습니다.

4 본문에 사용한 부호 및 기호의 뜻은 다음과 같습니다.

- 전집, 단행본: 『 』
- 신문, 잡지: 《 》
- 개별 작품, 논문, 기사: 「 」

차례

1

행성이란 무엇인가?

"세계는 여러 개가 존재할까, 아니면 단 하나만 존재할까?
이 질문은 아마도 자연을 연구하며 우리가 품게 되는
가장 고상하고 가장 흥미로운 궁금증 가운데 하나일 것이다."

—알베르투스 마그누스●

행성이란 말은 언제 생겨났을까?

도시에 살게 되면서부터 사람들은 밤하늘을 자주 바라보지 않게 되었다. 하늘의 별도 도시의 조명 불빛에 가려 보이지 않을 때가 많다. 하지만 먼 옛날 바빌로니아 사람들이나 그리스 사람들이 그랬던 것처럼 세심하게 별을 관찰해 보면, 별들 가운데 몇몇은 매일 밤 조금씩 움직이고 있다는 것을 알 수 있을 것이다. 고대 그리스인들은 바로 그런 별들을 '떠돌이별', 즉 행성(行星)이라고 불렀다.

●●●

알베르투스 마그누스(1206~1280) 13세기 독일의 신학자이자 철학자. 일생 동안 자연 과학에 관심을 가졌으며, 의사이자 점성가이기도 했다.

고대 그리스인들이 알고 있던 행성은 다섯 개인데, 그때 지어진 로마식 이름은 지금까지도 남아 있다. 예를 들어 수성(머큐리), 금성(비너스), 화성(마스), 목성(주피터), 토성(새턴)과 같이 말이다. 17세기에 이르러서는 망원경이 발명되었고, 그 덕분에 천왕성(우라노스), 해왕성(넵튠), 명왕성(플루토)을 발견할 수 있었다. 그렇게 해서 하늘에 존재하는 행성은 모두 8개가 되었다.

행성과 별은 어떻게 다를까?

행성과 별●은 망원경이나 쌍안경만으로도 쉽게 구분할 수 있다. 행성은 확대해서 크게 볼 수 있다. 다시 말해 망원경으로 그 표면을 볼 수 있고, 몇몇 경우에는 제법 자세하게 관찰할 수도 있다. 그에 반해 별은 아무리 확대해도 반짝이는 점으로만

●●●

별 천문학에서는 천체 중에서 스스로 빛을 내는 것만을 별이라고 한다. 별은 내부의 핵융합 반응에 의해 빛을 낸다. 밤하늘에서 우리가 관측하는 천체는 대부분 별이다.

남아 있을 뿐이다. 하지만 그렇다고 해서 행성이 별보다 훨씬 크다고 생각해서는 안 된다. 실제로는 오히려 그 반대다. 그보다는 행성이 우리와 훨씬 가까이 있기 때문이라고 이해하는 것이 더 맞을 것이다. 우주 탐사선이 몇 달 내지 몇 년 안에 도착할 수 있을 만큼 가까이 말이다.

1960년대 이후로 무인 우주 탐사선●을 행성으로 보내는 일이 점점 잦아졌다. 그럼으로써 우리는 우주의 영상을 비롯해 우주에 관한 많은 정보를 얻는다.

망원경으로 자세히 볼 수 있는지 없는지의 차이말고도, 행성과 별은 기본적인 성질이 매우 다르다. 가령 달의 모양이 변한다는 것은 누구나 알고 있다. 어떤 때에는 전부 다 보였다가, 때로는 어느 부분만 보이고, 그러다가 완전히 사라지기도 한다. 그러한 현상을 두고 달의 '상 변화' 라고 한다. 지구보다 태

●●●

무인 우주 탐사선 미국과 옛 소련은 태양계 행성을 관측하기 위해 경쟁적으로 우주선을 발사해 왔다. 소련은 화성과 금성으로 여러 차례 발사해 1967년 베네라 4호가 성공했고, 미국은 매리너 계획을 세워 탐사선이 화성 · 금성 · 수성을 스쳐 지나가도록 설계했다. 미국의 우주 계획에서 가장 흥미로운 것 중 하나는 1975년 바이킹 1, 2호를 화성을 향해 발사한 것이다. 바이킹 1, 2호는 연착륙에 성공해 최초로 화성의 표면 물질과 대기, 생명체의 존재 가능성 등을 분석했다. 이와 함께 유인 우주 탐사 계획도 병행하여 이뤄지고 있다.

양에 더 가까이 있는 금성 역시 상 변화를 보이는데, 이것에 대해서 아는 사람은 그리 많지 않을 것이다. 어쨌든 상 변화 현상을 통해 우리가 알 수 있는 것은, 행성이 스스로 빛을 내는 것이 아니라 다만 태양의 빛을 우리 쪽으로 반사시킬 뿐이라는 것이다.

실제로 수소를 헬륨으로 융합● 하면서 에너지를 만들어 내는 별들과 달리 행성은 그런 에너지원을 가지고 있지 않다. 왜 그런 것일까? 별에 비해서 행성의 중심은 그렇게 뜨겁지 않기 때문이다. 그런데 이러한 별의 중심 온도는 그 별이 가진 물질의 양, 즉 질량에 따라 달라진다. 따라서 행성과 별은 결국 질량에 따라 구분된다고 할 수 있다. 그 둘을 나누는 기준점은, 목성 질량의 약 80배 정도이다. 그러니까 목성은 반지름이 지구의 11배, 질량은 지구의 318배로 지구에 비해 훨씬 크긴 하지만, 목성도 별이 되기에는 한참 부족한 것이다.

오늘날 우리는 지구 주변의 환경, 즉 태양계에 대해 꽤 정확하게 알게 되었다. 물론 아직 해결되지 않은 의문점들이 많이

●●●

융합 수소와 헬륨 같은 작은 원자핵이 합쳐 큰 원자핵을 만드는 것을 말한다. 태양에서는 수소 원자핵이 헬륨 원자핵으로 융합하면서 에너지를 발생시킨다.

남아 있기는 하지만 말이다. 태양계에서 태양은 별이고, 그 태양을 중심으로 여러 개의 행성들이 타원 궤도를 그리며 돌고 있다. 태양과 행성들의 관계, 그 전체적인 결합은 서로간의 **중력**에 의해 계속 같은 모습으로 유지된다. 그리고 태양과 행성과의 거리를 말할 때에는 천문단위(AU)를 사용하는데, 1**천문단위**는 지구와 태양 사이의 거리인 약 1억 5,000만 킬로미터를 말한다.

태양계는 무엇으로 이루어져 있을까?

태양 가까이 있는 행성으로는 그 거리가 0.4천문단위인 수성, 0.7천문단위인 금성, 1천문단위인 지구, 1.5천문단위인 화성이 있다. 이들은 모두 암석으로 이루어진 지각으로 덮여 있

궤도 어떤 물체가 일정한 법칙에 따라서 운동할 때 그리는 경로. 천체 등이 움직이는 길을 말한다.
중력 물체들이 서로 끌어당기도록 만드는 자연적인 힘. 질량을 가진 모든 물체들 사이에는 서로 끌어당기는 힘이 작용하고 있는데, 이렇게 질량 사이에 작용하는 인력을 중력이라고 한다.

고, 크기가 작다. 이런 행성들을 **지구형 행성**이라고 부른다.

한편 좀 더 멀리 떨어진 곳에는, 태양과의 거리가 5.2천문단위인 목성, 9.5천문단위인 토성, 19.2천문단위인 천왕성, 30.1천문단위인 해왕성이 있다. 이 거대한 행성들은 가스와 얼음으로 이루어져 있는데, 그 중심에는 암석으로 된 핵이 있을 것으로 생각된다. 그리고 화성과 목성 사이 2~3.5천문단위에는 작은 크기의 다양한 천체들이 띠 모양을 이루고 있는 소행성대가 자리하고 있다.

해왕성 너머에는 작은 얼음 천체들이 카이퍼 벨트●라는 띠를 이루고 있는데, 그중에서 제일 큰 것이 바로 태양과 39.5천문단위만큼 떨어져 있는 명왕성이다. 명왕성이 수많은 '동료'들을 가지고 있는 것을 알게 되었을 때, 몇몇 사람들은 명왕성을 가리켜 행성이 아니라고 주장했다. 하지만 소천체와 행성은 어쨌든 약속에 따라 구분해야 하고, 국제 천문 연맹●에서 달리

●●●

카이퍼 벨트 해왕성 바깥쪽에서 태양의 주위를 돌고 있는 작은 천체들의 집합체를 말한다. 명왕성 밖의 궤도에서 새로운 천체가 발견된 것은 1992년으로, 이후 비슷한 천체들이 200여 개나 발견되었다. 그러나 이보다 앞서 1951년에 이미 네덜란드 출신의 미국 천문학자인 제라드 카이퍼가 태양에서 상당히 멀리 떨어진 거리에 수많은 소천체가 원반 모양으로 분포한다고 주장하였는데, '카이퍼 벨트'라는 이름은 여기서 유래했다.

결정을 내리기 전까지는 명왕성을 계속 행성으로 불러야 할 것이다.

태양계의 마지막 식구라고 할 수 있는 것은, 태양과 4만~10만 천문단위나 떨어져서 태양계를 둘러싸고 있는 오르트 구름• 이다. 이 오르트 구름은 혜성의 저장 창고라고 할 수 있다. 혜성은 얼음과 먼지로 이루어져 있는데, 태양과 가까워지면 '꼬리가 달린 별' 로 바뀌게 된다.

모두 알다시피, 지구가 태양 주위를 완전히 한 바퀴 돌려면 1년이 걸린다. 그러한 시간을 두고 **공전 주기**라고 부르는데, 태양과의 거리가 멀수록 공전 주기는 커진다. 예를 들어, 태양 주위를 한 바퀴 도는 데 수성은 88일, 금성은 6개월 반이 걸리는 데 비해, 목성은 12년, 명왕성은 248년이나 걸린다!

17세기 독일의 천문학자 요하네스 케플러• 덕분에 우리는

• • •

국제 천문 연맹(IAU) 국제 학술 연합 회의 밑의 조직으로 각국 천문학자의 교류와 천문학 각 분야의 연구를 촉진하는 것을 목표로 한다. 제1차 세계 대전 직후인 1919년 7월에 설립되었으며, 3년마다 각국을 순회하며 총회를 개최한다.

오르트 구름 1950년 네덜란드의 천문학자인 J. H. 오르트가 혜성의 근원지로 판정한 천체로, 먼지와 얼음 조각이 무수히 결집되어 있는 거대한 집합소이다. 크기는 20천문단위에 이르는 것으로 추정되는데, 이것은 태양에서 명왕성까지의 거리의 절반이다.

이러한 행성의 운동에 대해 잘 알게 되었다. 케플러는 태양계의 모든 행성에 대해서, 공전 주기의 제곱을 태양과의 거리의 세제곱으로 나눈 값이 일정하다는 것을 밝혀냈다. 케플러의 제3운동 법칙이라고 알려진 이 법칙은, 중력이 거리의 제곱에 반비례해서 변화하기 때문에 나오는 결과이다. 따라서 공전 주기를 알면 그 행성이 태양과 얼마나 떨어져 있는지 알 수 있고, 행성과 태양 간의 거리를 알면 그 행성의 공전 주기가 얼마인지를 알 수 있다.

● ● ●

요하네스 케플러(1571~1630) 독일의 천문학자. 티코 브라헤의 연구 자료를 넘겨받아 타원 궤도의 법칙, 면적 속도 일정의 법칙을 발견하여 지동설을 수정했으며, 케플러식 망원경을 발명하는 등 천문학 분야에서 큰 업적을 남겼다. 저서로 『우주의 신비』, 『광학』 등이 있다.

2

정말 **외계 행성**이 존재할까?

행성은 어떻게 찾을 수 있을까?

천왕성과 해왕성, 명왕성을 발견한 것에서부터 행성을 찾는 역사가 시작되었다. 1781년 윌리엄 허셜●은 이중성●에 대해 연구하던 중 우연히 새로운 행성을 발견했고, 그 행성에는 천왕성이라는 이름이 붙여졌다.

●●●

윌리엄 허셜(1738~1822) 독일 태생의 영국 천문학자. 지금 우리가 알고 있는 은하계 구조론의 첫걸음을 내딛은 사람이다. 스스로 만든 당시 최대의 반사 망원경으로 밤하늘을 관측해 태양계의 운동을 입증했다. 항성이 천구면에 고정되어 있다고 본 당시의 우주관을 수정해 '허셜의 우주' 모형을 제창했다.

이중성 가까이 붙어서 서로 공전하는 두 개의 별을 말한다. 더 밝은 별을 주성이라 하고, 어두운 별을 동반성이라 한다. 특히 두 별이 매우 가깝게 붙어 있는 것은 근접 이중성이라고 한다.

그런데 19세기 초 천문학자들은 계산을 통해 예상되는 천왕성의 위치와 직접 관측했을 때의 위치가 크게 다르다는 것을 알아냈다. 그들은 그 이유가 또 다른 행성 때문일 것이라고 생각했다. 그에 따라, 프랑스의 위르뱅 르베리에•와 영국의 존 애덤스•는 뉴턴•의 역학 법칙을 통해서 천왕성 궤도에 영향을 주고 있을 행성, 즉 미래의 해왕성의 위치를 각자 계산해 낸다. 그리고 1846년 요한 갈레•가 그들이 예측한 지점 근처에서 해왕성을 발견했다. 이렇듯 해왕성의 발견은 뉴턴 이론의 승리라고 할 수 있었다.

• • •

위르뱅 르베리에(1811~1877) 프랑스의 천문학자. 1843년 수성의 운동을 계산하여 운동 궤도 표를 작성하였으며, 1846년에는 천왕성의 섭동 현상으로부터 미지 행성의 위치를 추정하여 해왕성을 발견하는 데 혁혁한 공로를 세웠다.

존 애덤스(1819~1892) 영국의 수학자 겸 천문학자. 콘월 랜이스트에서 태어나 케임브리지에서 사망했으며, 수학만으로 해왕성의 존재와 위치를 예측한 것으로 유명하다.

아이작 뉴턴(1642~1727) 영국의 물리학자이자 수학자, 천문학자. 만유 인력의 법칙, 운동 법칙, 유분법 등 물리학 · 천문학 · 수학 분야에서 두드러지는 발견을 했으며, 자연을 기계론적으로 바라보는 역학적 세계관으로 근대 사상과 과학의 확립에 큰 역할을 했다.

요한 갈레(1812~1910) 독일의 천문학자. 1846년 9월 23일 파리 천문대의 르베리에에게 미지의 행성 탐사에 대한 의뢰를 받고, 그날 밤 새로운 행성인 해왕성을 발견하였다. 1851~1897년 브레슬라우 천문대장으로 일하면서 여러 가지 연구를 했다.

이어서, 천왕성과 해왕성의 운동이 불규칙하다는 사실은 더 멀리 있을 또 다른 행성을 찾게 만들었다. 그렇게 해서 1930년 클라이드 톰보•가 명왕성을 발견하기에 이른다. 하지만 재미있게도, 천왕성과 해왕성의 운동이 불규칙한 이유는 명왕성 때문이 아니었다. 당시의 측정 기술이 부정확한 탓이었다.

태양 외의 다른 별 주위를 돌고 있는 행성, 즉 태양계 밖에 위치한 **외계 행성**을 찾는 것도, 태양계의 행성을 발견할 때와 비슷한 방법으로 이루어진다. 뒤에서 보겠지만, 어떤 행성은 다른 천체의 운동을 방해하다가 그 존재가 드러나기도 하는데, 외계 행성을 찾는 데에도 이 방법이 계속 쓰인다.

태양계 밖에도 행성이 있을까?

우리가 살고 있는 곳 외에 또 다른 세계가 존재하는지, 그 세계에도 생명체가 사는지에 대한 궁금증은 어제오늘의 것이 아

• • •

클라이드 톰보(1906~1997) 미국의 천문학자. P. 로웰의 추정 자료를 바탕으로 해왕성 궤도 밖의 행성을 탐사하던 중 새로운 행성을 발견해 명왕성이라 이름 붙였다. 그 밖에 여러 소행성들과 은하들을 발견했고, 외부 은하에 대해 연구했다.

니다. 고대 그리스 시대부터 사람들은 이미 그 문제에 대해 생각을 했고, 역사 속에서 수많은 사상가들이 그에 대한 의문을 품었다. 17세기 네덜란드의 물리학자 크리스티안 호이겐스●는 다음과 같이 이야기하기도 했다.

"망설이지 말고 별과 태양의 성질이 같다고 인정하자. 그러면 우리는 예전에 비해 훨씬 더 거대하고 웅장한 세계를 생각할 수 있다. 태양과 같은 별들이 각각 그 주위로 행성을 가지고 있고, 그 행성들은 또 달과 같은 위성을 가지고 있다고 생각하지 못할 이유가 어디 있겠는가?"

하지만 생각할 수 있다고 해서, 그것이 사실이라고 할 수는 없다. 당연히 그런 행성들이 있다고 주장할 수 있는 증거를 찾아야 한다. 그러나 그것을 시도하는 것이 워낙 어려운 일인 만큼 20세기 말까지 천문학자들은 자신들의 능력으로는 할 수 없는 일이라고 여겼다.

마침내 중대한 발견을 해낸 주인공은, 프랑스 오트프로방스

●●●

크리스티안 호이겐스(1629~1695) 네덜란드의 물리학자이자 천문학자. 1655년 형인 콘스탄틴과 함께 만든 굴절 망원경으로 토성이 고리를 가진 것을 발견하였고, 토성의 위성을 관측하였다. 역학과 광학 부문에서도 많은 업적을 남겼다. 저서로 『진자 시계』, 『빛에 관한 논술』 등이 있다.

고대 그리스 시대부터 사람들은 우리가 살고 있는 곳 외에
또 다른 세계가 존재하는지에 대해 생각해 왔다.

천문대에서 연구하던 스위스의 천문학자 미셸 마이어●와 디디에 켈로즈●였다. 1995년 가을, 그들은 페가수스자리의 51번 별이 목성과 질량이 비슷한 행성을 가지고 있다고 발표하며, 그 행성에 51-페가시-b라는 이름을 붙였다.

이 소식은 천문학계에 이중으로 충격을 주었다. 태양과 비슷한 별 주위를 돌고 있는 행성이 발견된 것도 처음이었으며, 더군다나 사람들이 예상했던 것과는 너무도 달랐기 때문이다. 실제로 그 행성은 자신이 그 주위를 돌고 있는 별과 놀랍도록 가깝게 위치하고 있었다. 겨우 0.05천문단위만 떨어져 있는데, 이것은 수성과 태양 사이의 거리보다도 훨씬 가까운 것이었다. 그 정도의 거리라면 몹시 뜨거울 수밖에 없고, 당시의 이론에 따르면 그런 환경에서는 거대 가스 행성이 존재할 수 없었다. 하지만 제프리 마시●를 비롯한 미국 연구진들이 큰곰자리 47번 별과 처녀자리 70번 별을 돌고 있는 새로운 거대 행성들을 또

●●●

미셸 마이어(1942~) 천문학자이자 물리학자. 스위스 제네바 대학의 천문학부 교수이다. 로잔의 대학에서 천문학을 공부한 후, 제네바 관측소에서 박사 학위를 얻고, 케임브리지, 칠레 및 하와이 관측소에서 일했다.

디디에 켈로즈(1966~) 많은 외계 행성을 발견한 천문학자이며, 미셸 마이어 밑에서 공부하였다. 51-페가시에 대한 분석을 실행하고, 4.2일의 공전 주기를 가진 행성을 찾아내어 천문학계를 놀라게 했다.

다시 발견하면서 외계 행성의 존재는 분명한 사실로 인정받게 되었다.

다른 행성계도 태양계와 비슷할까?

2004년 가을까지 알려진 거대 외계 행성들은 130개가 넘는다. 이들은 0.02천문단위부터 5.9천문단위까지, 그 궤도의 반지름이 매우 다양하다. 공전 주기로 다시 말하자면, 1.2일에서부터 14.7년까지로 나타낼 수 있다. 그중에는 행성계•를 이루고 있는 경우도 있는데, 모두 13개가 그러하다.

예를 들면 게자리 55번 별을 중심으로 한 행성계는 4개의 행성들로 이루어져 있다. 이 행성들은 각각 질량이 목성 질량의 0.05, 0.8, 0.2, 4.1배이고, 중심 별에서 0.04, 0.1, 0.2, 5.9천문단위의 거리에 위치해 있다. 즉, 5천문단위로 따로 뚝 떨어진

●●●

제프리 마시(1954~) 미국의 천문학자로 버클리 캘리포니아 대학교 교수이다. 외계 행성에 대해 집중적으로 탐구하여 많은 외계 행성들을 찾아냈으며, 천문, 지구물리학, 화학의 발전과 연구를 위해 세워진 버클리의 과학 센터에서 일하고 있다.

행성계 하나의 항성의 인력권 내에 있는 몇 개의 행성으로 이루어진 계.

거대 행성 하나와 안쪽에 3개의 행성이 있는 경우로, 우리 태양계와는 그리 닮지 않았다.

0.04천문단위와 0.1천문단위에 있는 행성들은 뜨거운 거대 행성이라는 새로운 부류에 속하는데, 프랑스 코트다쥐르 천문대의 트리스탕 기요는 51-페가시-b로 대표되는 그러한 부류를 **51-페가시형 행성**으로 부르자고 제안했다. 그 행성들은 별과 가까운 거리에 있기 때문에 별의 인력을 강하게 받아서 항상 동그란 원형의 궤도를 그린다. 사람들은 51-페가시형 행성의 존재를 설명하기 위해서, 그 행성들이 원래는 별에서 멀리 떨어진 곳에서 생겨났다가 어떤 과정에 의해 현재의 위치로 옮겨졌을 거라고 주장하기도 한다. 하지만 그렇다면 과연 무엇 때문에 그 행성들이 이동한 것인가 하는 문제가 남는다.

한편 몇몇 외계 행성들은 매우 길쭉한 궤도를 따라 움직이는데, 그 이유 또한 알 수가 없다. 사실 모의 실험•을 해 보면, 행성은 가스와 먼지로 이루어진 원반에서 생겨나 거의 원형에 가까운 궤도를 그리게 된다. 태양계에서 볼 수 있는 것처럼 말

모의 실험 복잡한 문제를 해석하기 위해 모델에 의한 실험, 또는 사회 현상 등을 해결하는 데서 실제와 비슷한 상태를 수식 등으로 만들어 모의적으로 연산을 되풀이하여 그 특성을 파악하는 일. 일명 시뮬레이션이라고도 한다.

이다. 하지만 이 밖에도 외계 행성에 대해 우리가 풀어야 할 수수께끼는 너무나 많다!

외계 행성의 수수께끼는 천문학자들의 상상력에 끊임없이 도전장을 던진다. 엄밀히 말하면, 51-페가시-b가 최초로 발견된 외계 행성은 아니다. 1991년 알렉산더 볼슈찬● 은 아레시보 전파 망원경● 으로 **펄서**● 라고 불리는 아주 특이한 천체 주위로 2개의 작은 행성이 돌고 있는 것을 발견했다. 최근에 측정해 본 결과로는, 펄서에서 각각 0.2, 0.4, 0.5천문단위 떨어진 거리에 지구 질량의 몇 배 정도 되는 3개의 작은 행성이 있는 것으로 보고 있다.

그런데 펄서가 수명 말기에 이른 별이 폭발한 후에 남겨진

● ● ●

알렉산더 볼슈찬(1946~) 폴란드의 천문학자. 폴란드인 과학 아카데미의 일원이며, 펄서를 발견하였다. 몇몇 전문가들의 초기 우려와 달리 이 발견은 거의 완전히 입증되었다.

아레시보 전파 망원경 푸에르토리코 아레시보에 있는 지름 305미터의 세계에서 제일 큰 전파 망원경.

펄서 마치 맥박이 뛰듯 빠른 간격으로 주기적인 전파를 내놓는 천체. 1967년 앤소니 휴이시가 처음 발견한 이래로 약 300개 이상의 펄서가 관측되었다. 태양 질량의 8배 이상 25배 미만의 질량을 가진 별이 수명 말기에 초신성 폭발을 한 뒤에 생겨나는 중성자별 가운데 매우 빠른 속도로 회전하고 있는 것으로, 그 회전에 따라 표면의 뜨거운 지점에서 나오는 전자기파가 등대처럼 회전하며 우주에 뿌려지게 되고, 그것이 우리에게는 아주 빠르게 진동하는 신호로 관측된다.

고밀도의 천체라는 사실로부터 또 하나의 수수께끼가 생긴다. 그런 강력한 폭발 속에서는 주위의 행성들이 살아남을 수 있을 것이라고 보기 어렵기 때문이다. 현재 가장 힘을 얻고 있는 가설은, 그 행성들이 폭발 뒤의 잔해에서 생겨났을 것이라고 보는 것이다. 만약 그것이 맞다면 이것은 태양계와 전혀 다른 환경에서도 행성들이 생겨날 수 있다는 것을 의미한다. 하지만 이 발견은 태양계의 경우와 너무나 달라서 별로 관심을 받지 못했다.

현재 진행되고 있는 연구에 따르면, 태양형 별, 즉 태양과 비슷한 질량을 가진 별의 약 10퍼센트가 행성들을 거느리고 있을 것으로 여겨진다. 그 주성• 들은 천문학적 기준에서는 지구와 이웃이라고 할 만한 거리를 두고서 천구• 상에 균일하게 분포되어 있다. 일반적으로 약 100광년, 즉 지구와 태양 사이 거리의 약 600만 배 정도 떨어져 있다. 이러한 수치는 외계 행성을 찾는 방법이 매우 제한적일 수밖에 없음을 알려 준다.

• • •

주성 태양과 같이 행성을 거느리고 있는 별을 말한다. 행성의 입장에서는 그 자신이 공전하는 중심에 있는 별을 뜻한다. 지구의 주성은 태양이다.

천구 지구상에서 별을 관측하는 사람을 중심으로 반지름이 무한한 공 모양의 면을 설정하고 천체를 그 위에 비추어 나타내는 것이다. 옛날에는 천구가 실제로 있어서 천체가 모두 그 위에 고정된 채로 지구의 주위를 돌고 있다고 믿었다.

3

외계 행성을 찾으려면 어떻게 해야 할까?

우리의 기술로 외계 행성을 찾아낼 수 있을까?

그렇다면 외계 행성들은 어떻게 찾아야 할까? 망원경 렌즈에 눈을 갖다 대고 별들을 오랫동안 관측하면서, 그 주위로 돌고 있는 반짝이는 점들을 찾으면 되지 않느냐고 말할 수도 있겠다. 하지만 그런 건 헛수고일 뿐이다. 우리의 눈은 사진 건판•과 달리 빛을 모아서 저장해 두지 못하고, 그래서 몹시 약

•••

건판 사진에 쓰는 감광판의 한 가지. 유리, 셀룰로이드 따위의 투명한 판에 감광액을 발라 암실에서 말린 것. 사진기는 셔터의 개방 시간을 조절함으로써 몇 십 초부터 몇 십 분, 혹은 몇 시간 동안 빛을 축적할 수 있다. 그러한 장시간 노출을 행하면 육안으로는 도저히 보이지 않던 어두운 장면까지 확실하게 포착할 수 있는 것이다. 반면, 사람의 눈은 지금 현재 상태의 빛밖에 느낄 수 없기 때문에 보고 싶은 것들이 그 순간에 당장 밝지 않으면 볼 수 없다.

한 빛을 발하는 물체는 볼 수가 없기 때문이다. 사진 기술이 생겨난 초기부터 천문학자들은 사진 건판을 이용해서 천체에서 나오는 빛을 포착했고, 은하의 구조가 밝혀진 것도 그 덕분이었다. 오늘날의 천문학자들은 디지털 비디오카메라를 비롯한 최신 탐지 장치들을 사용한다.

하지만 최신 장치가 있다고 해서 문제가 쉬워지는 것은 아니다. 외계 행성은 몹시 약한 빛을 내는 데다가 매우 밝은 빛을 내는 주성에 가깝게 위치해 있기 때문에 찾아내기가 아주 어렵다. 아마 수천 킬로미터 떨어져 있는 가로등 불빛 밑에서 개똥벌레 한 마리의 빛을 발견해 내는 것과 비교할 수 있을 것이다. 지금까지는 그것에 성공하지 못했고, 신문에서 우리가 외계 행성의 사진을 볼 수 없었던 것도 바로 그 때문이다.

별빛으로 행성의 위치를 짐작할 수 있을까?

따라서 현재까지는 외계 행성을 직접 찾을 수가 없었고, 다른 방향으로 그 일이 이루어지고 있다. 다시 말해서, 외계 행성이 자신의 주성에 미치는 영향을 통해 그 존재를 추측해 본다는 얘기다. 마치 앞서 살펴본 해왕성의 발견 과정처럼 말이다.

행성은 궤도를 따라 움직이는 내내 주성이 되는 별의 중력에 영향을 받으면서, 동시에 그 자신의 중력으로 주성에 영향을 미친다. 그렇게 해서 별은 행성계의 질량 중심이라고 불리는 지점을 중심으로 약간의 회전 운동을 하게 된다. 그 때문에 지구에서는 별이 계속해서 가까워졌다 멀어졌다 반복하는 것처럼 보인다. 그리고 그러한 왕복 운동은 별을 보고 있는 관찰자에게 하나의 흔적을 남긴다. 별이 관찰자에게 가까워지면 그 빛이 점점 파란 빛 쪽으로 편이되고, 멀어지면 점점 더 빨간 빛 쪽으로 편이되는데, 바로 **도플러 효과**라고 불리는 현상이다. 이와 비슷한 도플러 효과로 아주 잘 알려진 것이 있는데, 바로 소리의 변화에 따른 것이다. 구급차가 다가올 때는 사이렌 소리가 더 높게 들리고, 멀어질 때는 더 낮게 들리는 것 말이다.

사실, 별빛의 색깔 변화는 행성을 찾아내기에는 그 변화가 너무 미세하다. 그래서 천문학자들은 **분광 분석법**을 통해 별빛을 분석한다. 분광 분석법은 외계 행성에서 생명체를 찾을 수 있는지 아닌지를 결정할 때에도 중요한 역할을 하는 것이기 때문에 여기서 잠깐 알아보고 넘어가자.

별에서 나오는 빛이든 전구 필라멘트에서 나오는 빛이든, 빛은 다양한 색깔 성분으로 나뉠 수 있다. 전구 불빛 아래에 콤팩트디스크를 가져다 대 보면 쉽게 알 수 있는데, 디스크 표면에 보이는 무지개 빛이 바로 그것이다. 그처럼 빛을 분해했을 때 생기는 무지개 같은 빛깔의 띠를 **스펙트럼**이라고 부른다. 그런데 그 각각의 성분들은 **파장**이나 진동수가 서로 다르다.

이렇게 스펙트럼은 그 빛을 낸 물질에 대해서뿐만 아니라 빛이 지나온 환경에 대해서도 풍부한 정보를 담고 있다. 별의 스펙트럼을 보면 중간 중간 어두운 선을 볼 수 있는데, 이것은 그 부분의 파장 영역에 빛이 없다는 것을 뜻한다. 곧 그 파장에

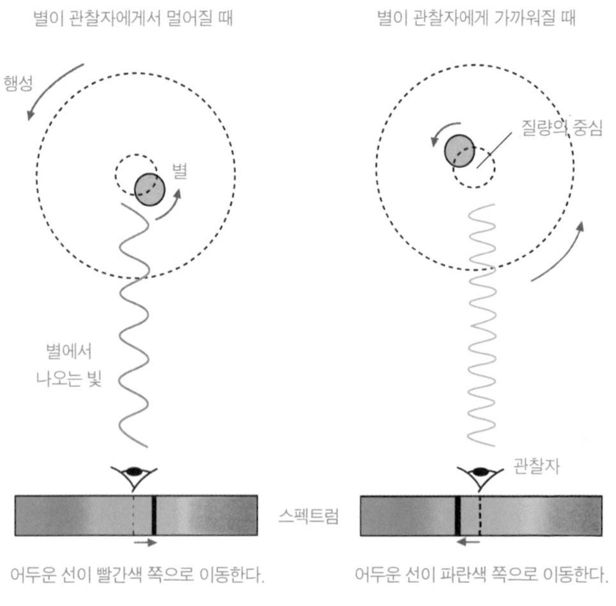

해당하는 빛만을 선택하여 흡수하는 화학 물질이 그 별의 대기에 있다는 표시이다. 따라서 그 선의 위치를 정확히 파악하면 별의 운동을 예측할 수 있다. 별의 전체적인 색깔 변화는 맨눈으로 확인하기가 어렵지만, 스펙트럼 상에서 어두운 선이 일정하게 이동하는 것은 측정할 수 있기 때문이다.

스펙트럼 상에서 어두운 선이 어떻게 움직이는지 연구하면 별의 운동에 대한 것 외에 다른 정보도 얻을 수 있다. 어떤 주어진 순간의 선과 정지해 있을 때의 선 사이의 간격은, 별이 관찰자로부터 더 빨리 가까워지거나 멀어질수록, 즉 빨리 이동할수록 더욱 커진다. 따라서 그 선은 관찰자의 눈에서 별이 가까워지거나 멀어질 때의 운동 속도, 즉 시선 속도•를 알려 준다.

여기서 중요한 점은 이러한 분석으로 행성의 질량이 최소한 어느 정도인지를 정할 수 있다는 것이다. 왜 최소한의 값만 정할 수 있을까? 스펙트럼에서 측정된 것은 전체 속도가 아니라 시선 속도이기 때문이다. 다행히 전체적인 수치를 보면, 열의 아홉은 행성의 실제 질량이 우리가 정한 최소값의 2배를 넘지

•••

시선 속도 1873년 독일의 천문학자 헤르만 카를 포겔이 분광학에 사진 기술을 처음 도입하여 많은 별의 시선 속도를 정확히 측정했다.

않는다. 따라서 분광 분석법을 통해 시선 속도를 분석함으로써 외계 행성의 질량을 어느 정도 예상할 수 있다.

앞에서 말한 130개의 거대 외계 행성은 51-페가시-b를 포함해서 거의 전부 분광 분석법을 통해 발견되었다. 현재 세계적으로 유명한 망원경에는 외계 행성을 찾는 데 사용되는, 매우 정확한 분광기가 부착되어 있다. 예를 들면, 프랑스 오트프로방스 천문대의 엘로디, 칠레 라실라 천문대의 코랄리와 고정밀 시선 속도 행성 탐사기, 하와이 케크 천문대의 고해상도 분광기 등이 있다. 천문학자들은 고정밀 시선 속도 행성 탐사기처럼 최근에 사용하기 시작한 새로운 기기들을 통해 천왕성과 비슷하거나 그보다 더 작은 행성들을 많이 찾을 수 있기를 기대하고 있다.

측성학* 과 분광 분석법은 어떤 차이가 있을까?

분광 분석법으로는 관찰자의 시선 방향에 따른 이동, 즉 천

측성학 천체와 그 시운동의 기하학적 관계를 다루는 천문학의 한 분야이다.

구 면에 수직이 되는 이동을 측정할 수 있다. 그에 비해 측성학에서는 공간을 편평한 평면으로 생각하고, 천체들을 천구 면에 비추어서 그 이동을 측정한다. 행성을 가지고 있을 것으로 추정되는 별의 위치를 기준이 되는 별의 위치와 비교하는 것이다. 이번에도 역시 주기에 따라 변하는 주성의 일정한 움직임이 행성의 존재를 알려 준다. 사실 이 방법은 매우 복잡하다. 별 자체도 움직이고 관찰자도 움직이므로, 우주에서 움직이지 않는 별은 하나도 없다. 따라서 그 움직임을 여러 가지로 나누고, 그 가운데 하나가 행성 때문에 생겨난 것임을 보여 주어야

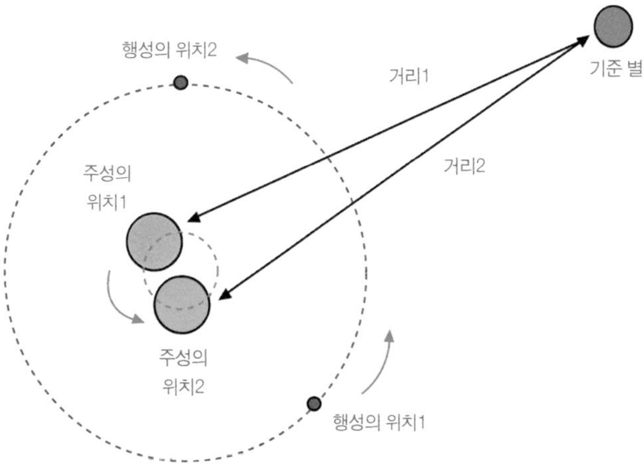

한다.

측성학은 수년이 넘는 긴 주기를 가진 행성을 찾아내는 데 알맞은 방법인 반면, 분광 분석법은 그 주성과 가까운 거리에 있는 행성을 찾기에 좋다. 따라서 두 기술을 함께 사용하면 서로의 단점을 잘 보완할 수 있다. 앞으로 측성학은 땅에서뿐만 아니라 우주에서도 사용될 것인데, 특히 칠레의 파라날 산정 천문대, 2009년을 목표로 한 미국 항공 우주국•의 우주 간섭계 미션(SIM) 프로젝트, 그리고 2010년을 목표로 한 유럽 우주국•의 천체 물리학용 지구 측성학 간섭계(GAIA) 프로젝트가 그 일을 해 나갈 것이다.

• • •

미국 항공 우주국(NASA) 미국의 우주 개발 활동의 주체가 되는 정부 기관. 대통령 직속 기관으로, 비군사적인 우주 개발을 모두 관할하고, 종합적인 우주 계획을 추진한다. 1969년 달 착륙을 실현한 아폴로 계획도 이곳에서 추진하였다.

유럽 우주국(ESA) 유럽 각국의 우주 개발 계획을 단일화시켜 효율적으로 우주 개발을 추진하려는 국제 조직. 유럽 공동으로 로켓이나 위성을 개발하고 우주를 연구하는 것이 목적이며, 통신, 기상 분야 등에서 우주 활동을 한다.

트랜싯 현상이란 무엇일까?

행성으로 인해 나타나는 여러 가지 효과 가운데 특히 흥미로운 것이 하나 있다. 행성의 공전 궤도 면이 관찰자의 시선과 정확히 일치할 때, 그 행성이 주성이 되는 별 앞을 통과하는 것이다. 이것이 바로 **트랜싯** 현상이다.

최근 2003년 5월 수성의 트랜싯과 2004년 6월 금성의 트랜싯이 일어났을 때 독자들도 어쩌면 그 현상을 관찰했을지 모르겠다. 수성이나 금성이 태양 앞을 통과하는 동안, 우리는 태양면 위로 그 행성들의 모습이 뚜렷이 드러나는 것을 볼 수 있었다. 마치 그림자 인형극을 보는 것처럼 말이다.

하지만 아쉽게도, 외계 행성의 경우에는 그렇게 선명하고 자세하게 볼 수가 없다. 우리가 너무 멀리 있기 때문이다. 외계 행성의 트랜싯은, 그 행성에 의해 주성의 면이 부분적으로 가려지면서 주성의 밝기가 잠시 동안 약해지는 것으로 나타난다. 그러한 현상은 보통 몇 시간 정도 계속되며, 행성이 주성 주위를 도는 공전 주기에 따라 그 현상 역시 주기적으로 일어난다.

측광학은 별에서부터 나오는 빛의 양을 측정하는 것이다. 이 측광학을 통해 트랜싯 현상에 따른 빛의 변화를 측정하여 외계 행성을 찾아내는 기술을 '트랜싯 탐사법'이라고 부른다. 트랜

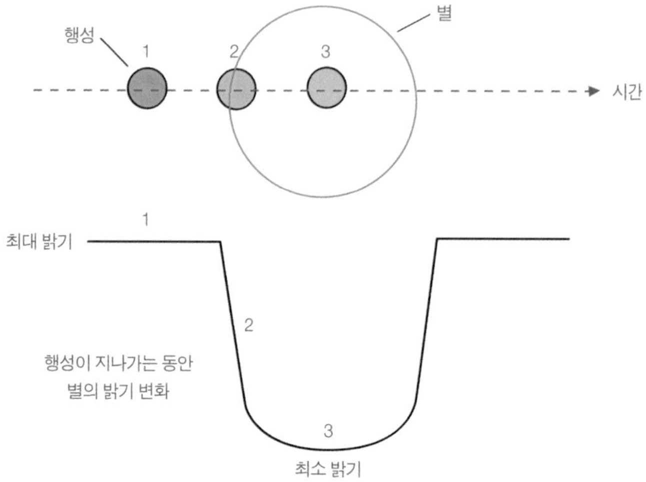

식 탐사법을 이용하면 외계 행성의 크기, 심지어 그 반지름도 알아낼 수 있는데, 그 원리는 간단하다. 행성이 통과하는 동안 별의 밝기가 약해지는 정도를 보고, 별 전체 겉넓이에서 행성에 의해 가려진 부분의 비율을 알아내는 것이다.

수학에서의 계산을 생각해 보면, 겉넓이는 반지름을 제곱한 값에 비례하므로, 별의 반지름과 그 빛의 세기가 변하는 것으로부터 행성의 반지름을 추측해 낼 수 있다. 따라서 별의 반지름부터 알아야 하는데, 그 값은 우리가 별에 대해 일반적으로 알고 있는 지식과 분광 분석법을 통해 연구한 것을 조합해서 알아낸다. 다만 별의 반지름을 직접 측정할 수는 없어서 이런 방법으로 결정하는 것이므로, 트랜싯 현상으로 행성의 반지름을 계산하는 것도 아주 정확할 수는 없다.

분광 분석법에 의해 새로운 외계 행성이 발견되면, 천문학자들은 트랜싯 현상을 관측하기 위해 그 행성의 주성에 망원경을 맞추어 놓는다. 그렇게 해서 1999년 여름, HD 209458이라는 이름을 가진 페가수스자리의 한 주성에서 기대하던 현상을 관측할 수 있었다!

그 관측은 여러 가지 면에서 엄청난 반응을 불러일으켰다. 우선, 분광 분석법을 통해 발견했던 외계 행성이 정말로 존재한다는 사실을 극적으로 확인시켜 주었다. 외계 행성의 존재를 믿지 않았던 생각이 틀렸다는 것을 깨닫게 해 주는 사건이었다. 그리고 다른 한편으로는, 관측한 외계 행성의 반지름이 목성 반지름의 1.3배인 것이 밝혀지기도 했다. 분광 분석법에 의해 행성의 질량이 목성의 0.7배라는 것은 알고 있었고, 따라서 행성의 밀도가 0.4g/cm³에 달한다는 결론을 끌어낼 수 있었다. 참고로 목성의 밀도는 1.3g/cm³이고, 지구의 밀도는 5.5g/cm³이다. 그렇다면 이 외계 행성은 목성처럼 거대한 가스 덩어리일 가능성이 크다.

그 후에도 천문학자들은 분광기가 장착된 허블 우주 망원경●

을 통해 트랜싯 현상을 계속해서 관측하였다. 그렇게 해서 외계 행성의 대기에 나트륨, 수소, 그리고 산소와 탄소가 있다는 것을 각각 2002년, 2003년, 2004년에 확인했다. 이처럼 트랜싯 현상을 이용하면 대기의 성분도 확인할 수 있다. 행성이 별을 통과할 때, 별의 밝기가 약해지는 정도를 스펙트럼을 통해 알아낼 수 있기 때문이다. 스펙트럼 중 그 대기 성분에 해당되는 어두운 선들에서만 밝기의 변화가 두드러지게 나타나므로, 외계 행성의 대기에 어떤 성분이 있는지 알 수 있는 것이다.

트랜싯 탐사법으로 새로운 외계 행성을 찾아낼 수 있을까?

트랜싯 탐사법은 또한 새로운 외계 행성을 찾아내는 데에도 쓸모가 많다. 그러한 목적으로 진행되고 있는 연구 계획이 현

●●●

허블 우주 망원경 미국 항공 우주국(NASA)과 유럽 우주국(ESA)이 주축이 되어 개발한 우주 망원경. 무게 12.2톤, 주거울 지름 2.5미터, 경통 길이 약 13미터의 반사 망원경이다. 1990년 4월 우주 왕복선 디스커버리 호에 실려 지구 상공 610km 궤도에 진입하여 우주 관측 활동을 시작하였으며, 관찰 파장 영역은 110~1,100nm이다.

재 적어도 20개는 되는데, 그 과정에서 51-페가시형 행성 4개가 발견되었다. 땅에서 관측할 경우, 지구를 둘러싼 대기의 흐름이 불규칙해서 별의 밝기를 정확히 측정하기가 쉽지 않고, 따라서 거대 행성만 찾을 수 있었다. 하지만 일단 우주로 나가면, 트랜싯 탐사법으로 지구 크기의 행성들을 찾아낼 수 있다. 그것은 지금껏 분광 분석법을 통해 시선 속도를 분석하는 것으로는 성공하지 못했던 일이다.

현재 두 가지 연구 계획이 그 일에 도전하고 있다. 첫 번째는 프랑스 주도 하에 유럽에서 진행되고 있는 COROT 프로젝트로, 2006년에 시작될 예정이다. COROT 위성은 2년 6개월 동안 우주 5개 영역에 분포되어 있는 약 6만 개의 별에서 나오는 빛을 기록하게 된다. 이 계획이 성공하려면, 되도록 많은 수의 별을 관측해야 한다. 우리는 행성계를 가지고 있는 별이 우주에서 어느 정도를 차지하는지 모르며, 트랜싯 현상도 행성의 공전 궤도 면이 관찰자의 시선과 일치할 때에만 관측할 수 있다. 따라서 최대한 많은 별을 관측해야 믿을 만한 결과를 얻을 수 있다는 얘기다. COROT는 외계 행성이 얼마나 있는지를 반지름과 공전 주기 등 그 고유한 특징과 관련지어 우리에게 가르쳐 줄 것이고, 그 주성의 질량, 온도, 화학 성분도 함께 알려 줄 것이다.

COROT는 지구 주위로 궤도를 낮게 돌면서, 태양 때문에 시야가 가리지 않도록 1년에 2번 관측 방향을 바꾸게 된다. 외계 행성이 발견되었다는 사실을 확실히 하려면 적어도 세 번의 트랜싯 현상이 필요하다. 따라서 COROT는 주성을 관측하는 시간의 3분의 1 이하에 해당되는 공전 주기를 가진 행성만 정확하게 찾을 수 있다. 운이 좋으면, 관측 시간의 절반, 즉 최대 3개월에 해당하는 주기를 가진 행성도 찾을 수 있을 것이다. 그 정도의 주기는 태양계에서 수성의 공전 주기와 거의 비슷하다.

하지만 COROT는 51-페가시형 행성과 공전 주기가 3개월 미만인 뜨거운 지구형 행성을 찾아낼 수는 있어도, 주기가 1년인 지구와 비슷한 행성은 찾을 수가 없다. 그것을 찾아내는 일은 2007년에 미국의 케플러 위성이 하게 될 것이다. 지구에서 좀 더 멀리 떨어져 있게 될 케플러는 COROT처럼 시간적인 조건에 가로막히지는 않을 것이다. 케플러는 4년 내내 우주의 같은 영역을 관측하면서, 주기가 2년 미만인 행성들을 찾아내는 일을 맡게 된다.

분광 분석법이 51-페가시형 행성들을 통해 우리에게 놀라움을 안겨 주었던 것과 마찬가지로, 트랜싯 탐사법도 틀림없이 깜짝쇼를 준비하고 있을 것이다. 오르세 우주 천체 물리학 연

땅에서는 지구를 둘러싼 대기의 흐름이 불규칙해서 별의 밝기를 정확히 측정하기가 어렵다.
하지만 일단 우주로 나가면 트랜싯 탐사법으로 지구형 행성을 찾아낼 수 있다.

구소의 알랭 레제르●는 새로운 행성들이 생겨날 것을 대비하여 **대양 행성**이라는 이름을 벌써 지어 놓았다. 거대 가스 행성과 지구형 행성 중간 크기에 해당하는 대양 행성들은 천왕성이나 해왕성이 주성 쪽으로 움직인 것과 비슷한 모양을 하고 있을 것이다. 주성과 가까워 높은 온도 때문에 얼음이 녹았을 것이고, 그래서 넓고 큰 바다로 이루어진 대양이 행성을 뒤덮고 있을 것이라는 얘기다. 그러한 대양 행성이 실제로 존재하기만 한다면, 지구형 행성보다 큰 크기 덕분에 COROT 위성이 찾기도 더 쉬울 것이다.

●●●

알랭 레제르 프랑스의 천체 물리학자로 파리 대학 교수이다. 외계 행성 중에서도 지구형 행성을 찾아내는 연구에 집중하고 있다.

4

외계 생명체에 대한 의문은 풀릴 수 있을까?

지구 밖에도 생명체가 있을까?

많은 천문학자들이 단지 천체 물리학적인 관심에서 외계 행성을 발견하려고 애쓰고 있는 것은 아니다. 천문학자들 중에는 멀리서도 알아차릴 수 있는 생명 형태를 가지고 있는 행성들이 있을 거라고 생각하여, 지구형 외계 행성을 찾는 데 열심인 사람들도 많다.

생명의 기원과 진화에 대한 연구 및 지구 밖 생명체에 대한 탐구는 여러 학문 분야와 연관되어 하나의 새로운 학문을 이루고 있다. 그 이름은 아직 정해지지 않았지만, 우주 생물학, 생물 천문학, 외계 생물학 등으로 의논되고 있다. 우주 생물학자는 다시 연구 분야에 따라 천문학자, 생물학자, 화학자, 지구 물리학자 등으로 나눌 수 있다.

우주 생물학은 지구에 있는 **호극성 생물**, 즉 온도가 아주 낮거나 아주 높은 환경, 압력이 아주 큰 환경, 또는 높은 산성도를 지닌 환경에서도 살 수 있는 생물에 대한 연구에서부터 시작된다. 예를 들어, 바다 밑바닥에서 그런 생물을 찾는 것이다. 언젠가 우주 탐사선이 태양계 어딘가에서 호극성 생명체, 또는 그 화석이라도 발견할 것을 기대하면서 말이다.

2004년 1월부터 미국 항공 우주국의 로봇 '스피릿'과 '오퍼튜니티'가 화성의 표면을 조사하고 있다. 조만간 또 다른 로봇이 목성의 위성 유로파를 탐사할 예정에 있는데, 사람들은 유로파의 얼음층 아래에 거대한 바다가 있을지도 모른다고 생각한다. 토성의 위성 중에서 가장 큰 타이탄 역시 우주 생물학에서 많은 관심을 두고 있다. 타이탄은 두터운 대기층을 가지고 있는데, 그 대기층에서 생명체의 기본이 되는 유기 분자가 만들어지고 있기 때문이다. 그와 관련해서는, 2005년 1월 타이탄의 대기권으로 진입한 유럽의 탐사선 '호이겐스'가 많은 정보를 가져다 줄 것으로 기대된다.

대기를 분석하여 생명체의 존재를 알아낼 수 있을까?

COROT 위성과 케플러 위성을 이용한 프로젝트 덕분에, 앞으로 몇 년 후에는 태양과 비슷한 별 주위를 돌고 있는 지구 크기의 외계 행성이 얼마나 되는지 알게 될 것이다. 그것만 해도 이미 상당한 발전이라고 할 수 있다. 하지만 그 행성들에 생명체가 살고 있는지는 어떻게 알 수 있을까? 그리고 생명체가 살고 있느냐는 질문은 어떤 의미로 이해해야 할까? 사실상, 어떤 생물이 유전 정보 같은 것을 가지고 있고, 다윈 진화설에서 말하듯 생식과 자연 선택에 따른 진화를 할 수 있으면, 그것은 '살아 있다' 고 말할 수 있다. 그런데 고작 원격 탐지 같은 것을 하면서 그런 정의를 내릴 수는 없지 않은가!

1980년 토비아스 오웬●은 생명이 화학적 반응에 기초한다고 본다면, 생명체의 밑바탕이라고 할 수 있는 것 중 가장 그럴듯한 것이 바로 액체 상태의 물 속에 녹아 있는 유기 화합물 종

●●●

토비아스 오웬(1965~) 미국의 천문학자로 하와이대 교수이다. 외계 행성 연구와 함께 그에 관한 저서를 여러 권 출간하고 있다.

류라고 말하였다. 이런 생각을 받아들여서, 별을 중심으로 물이 액체 상태로 있을 수 있을 만한 거리를 **서식 가능 지역**이라고 정하게 되었다.

서식 가능 지역이 어디에 위치하며 얼마나 넓어질 수 있는지는 주성에서 나오는 빛의 세기에 달려 있다. 그런데 그러한 빛의 세기는 시간이 흐르면서 계속 달라지고, 따라서 **생존 가능 지역**이라는 개념이 나오게 된다. 그 지역에 있는 행성은 생명체가 나타날 수 있으며, 그 생명을 오래 간직할 가능성이 있다고 할 수 있다. 태양 주위의 생존 가능 지역에는 2개의 행성이 있다고 보는데, 바로 지구와 화성이다.

그러나 어떤 행성이 생존 가능 지역에 속한다고 해서 그 행성에 생명체가 살고 있다고 단정할 수는 없다. 물이 액체 상태로 있을 수 있다는 것을 생명체가 살 수 있다는 것으로 곧바로 연결시키는 것은, 사실 문제를 너무 단순하게 보는 것일지도 모른다. 하지만 어쨌든 그런 연결 관계가 실제로 있을 수 있기 때문에 생명체를 찾는 연구에 아주 많이 적용되고 있다.

원시 지구에서 그랬던 것처럼 많은 양의 탄산 가스•가 있을 경우, 우리는 논리적으로 탄산 가스에 있는 탄소가 화합하고 산소가 만들어지면서 생명체가 발달한다고 생각해 볼 수 있다. 빛 형태의 에너지가 필요한 그러한 과정이 다름 아닌 **광합성**이다. 녹색 식물에 의해 이루어지는 작용 말이다.

한편, 대기 중의 산소는 육지 표면의 물, 흙, 광물 등과 반응해서 산화 제2철이나 적철광같이 붉은색을 띠는 산화물을 만들고, 화산 활동을 일으키는 유황 가스와 반응하기도 한다. 산소가 광합성을 통해 계속해서 만들어지지 않았다면, 약 500만 년 후에는 지구 표면에서 산소가 사라졌을 거라는 계산이 나온다. 이 500만 년은 지질학적 차원에서 볼 때는 아주 짧은 시간이다. 이렇게 보면, 대기 중에 산소가 많은 양으로 계속 유지되는지의 여부가 바로 생명체의 존재를 가늠할 수 있는 지표로 떠오른다. 그러한 지표를 두고 전문적인 용어로는 **생명 지표** 또는 **생명 신호**라고 부른다.

산소가 생명 지표일 것이라는 답을 얻은 후에도, 생명체와 관련이 없으면서도 산소를 다량으로 발생시킬 수 있는 원리가 있지 않을까 하는 의문과 연구는 계속되었다. 그렇게 좀 더 세밀하게 연구한 결과, 오존과 탄산 가스[•], 수증기가 동시에, 그리고 각각 일정한 양으로 섞여 있어야 생명체가 존재할 가능성

● ● ●

탄산 가스 이산화탄소를 말한다. 탄소나 그 화합물이 완전 연소하거나 생물이 호흡 또는 발효할 때 생기는 기체이다.

이 더욱 크다는 것을 알게 되었다. 곧 행성의 대기를 분석하면, 그 행성에 생명체가 있는지도 알 수 있을 거라는 얘기다! 하지만 주의해야 할 것은, 우리가 생각하는 화학적 작용과 다른 과정을 거쳐 생명체가 생겨났다면, 단순히 대기를 분석하는 것만으로는 생명체의 존재에 대해 알 수 없다는 것이다. 또 탐지되지 않는다고 해서 생명체가 없다고 할 수도 없다.

먼 곳에 있는 행성의 대기를 분석하는 도구에 대해서는 여러분도 이미 알고 있을 것이다. 앞에서 말했던 분광 분석법이 바로 그것이다. 요약해서 말하면, 대기의 성분들은 각각 자신에게 맞는 어떤 파장을 선택하여 흡수하고, 그 결과 행성의 스펙트럼에 검은 선을 남긴다. 그러한 사실을 바탕으로 연구실에서 행성의 스펙트럼을 연구하면, 대기에 어떤 성분이 있는지 알아낼 수 있다. 먼 거리의 생명체를 확실히 탐지할 수 있는가와 관련하여 수많은 과학자와 우주 관련 기관들이 연구를 계속하고 있다. 이러한 사실들에서 우리가 언젠가는 생명체를 탐지

● ● ●

오존 산소 원자 3개로 구성된 분자로서 특유의 냄새가 나는 무색의 기체이다. 음료수의 살균이나 유류의 표백 따위에 쓰이며, 지상 20~25km 고도에 높은 농도로 존재하여 오존층을 이루고 있기도 하다. 이 오존층에서는 태양의 자외선을 흡수하여 지구 생물체를 자외선에 의한 피해로부터 보호한다.

할 가능성이 있음을 충분히 짐작할 수 있지 않을까.

외계 행성을 직접 탐지하려면 어떻게 해야 할까?

지구형 외계 행성의 스펙트럼을 분석하는 일은 그 행성에 대해 직접 탐지하는 것, 다시 말해서 그 행성에서 오는 빛을 받아들이는 것을 바탕으로 진행된다. 우리는 지금 수천 킬로미터 떨어진 거리에 있는 가로등 불빛 밑에서 개똥벌레 한 마리가 내고 있는 빛을 구분해 내는 것에 대해 이야기하고 있다! 따라서 그러한 작업을 위해서는 먼저 **각분해능**, 즉 아무리 가까이 있는 물체도 능히 구분할 수 있는 기기가 필요하다. 예를 들면, 우리와 50광년 떨어진 곳에서 51-페가시 주위를 돌고 있는 지구형 행성이, 그 주성에서 각거리•로 단 65밀리초만큼 떨어져 있다고 하자. 그것은 약 1미터의 간격을 3,000킬로미터 떨어진

• • •

각거리 두 점 사이의 거리를 나타낼 때 미터나 킬로미터와 같은 거리 단위 대신 두 점과 관측자를 연결한 선이 이루는 각도를 이용하여 나타낸 것을 말한다. 1도의 60분의 1을 1분, 그리고 1분의 60분의 1을 1초라고 하며, 1밀리초는 1초의 각거리를 다시 1,000으로 나눈 것이다.

곳에서 보는 것과 같다. 우리가 그런 미세한 간격을 구분할 수 있어야 한다는 얘기다.

그 다음에는 65밀리초의 각거리에서 별보다 수천만 배 내지는 수백억 배 더 약한 빛을 구분할 수 있는 기기가 필요하다. 여기서는 별이 내는 빛의 세기와 행성이 내는 빛의 세기의 비율이 중요한데, 이것은 파장에 따라 또 달라진다. 스펙트럼의 가시광선• 영역의 파장에서는 별이 내는 빛의 세기가 행성이 내는 빛의 100억 배나 되지만, 열적외선 영역, 다시 말해서 상온의 물체가 내놓는 파장에서는 1,000만 배 정도가 된다. 따라서 빛의 대비가 가장 적은, 즉 행성이 주성에 대해 상대적으로 밝게 보이는 열적외선 영역에서 작동하는 기기를 만들면 좋을 것이다. 실제로 유럽 우주국에서 2015~2020년을 바라보고 계획 중인 '다윈' 프로젝트는 바로 이 방법을 해결책으로 제시하고 있다.

광학 법칙에 따르면, 각분해능은 빛을 모으는 장치, 즉 망원

•••

가시광선 전자기파 중에서 사람의 눈에 보이는 범위의 파장을 갖고 있는 것. 즉, 맨눈으로 볼 수 있는 보통의 광선이다. 가시광선 내에서는 파장에 따른 성질의 변화가 각각의 색깔로 나타나며, 빨강에서 보라색으로 갈수록 파장이 짧아진다. 빨강보다 파장이 긴 빛을 적외선, 보라보다 파장이 짧은 빛을 자외선이라고 한다.

경의 경우 그 중심에 있는 반사경의 지름에 비례한다. 따라서 앞에서 말한 51-페가시 주위의 지구형 행성의 경우에 대해 말하자면, 지름이 적어도 30미터는 되는 망원경이 있어야 한다! 게다가 그런 망원경이 있다고 해서 모든 문제가 해결되는 것도 아니다. 지구 대기의 불규칙한 흐름은 각분해능을 크게 떨어뜨리기 때문에 그 지름 30미터짜리 망원경을 우주로 보내는 것까지 생각해야 한다! 참고로 말하면, 허블 우주 망원경은 겨우 2.4미터의 주경이 장착되어 있다. 그런데 이렇게 어려워 보이기만 하는 문제가 간섭 측정법 덕분에 해답을 찾게 되었다.

간섭 측정법은 빛의 파동성을 이용하는 것이다. 파동이란 한쪽에서 생긴 진동이 물질이나 공간을 따라 퍼져 나가는 것을 말하며, 빛이 퍼져 나가는 것은 물결이 퍼져 나가는 모습과 비교할 수 있다. 이렇게 서로 다른 방향에서 오는 두 물결이 만났을 때 일어나는 현상을 **간섭**이라고 한다. 물결이 이루고 있는 파동에서 위로 볼록한 꼭대기를 마루라고 하고, 아래로 오목한 골짜기를 골이라고 할 때, 두 물결의 마루와 마루가 만나면 물결은 2배로 커지고, 마루와 골이 만나면 물결이 사라진다. 이것을 각각 보강 간섭과 소멸 간섭이라고 한다. 빛에서도 마찬가지다. 빛의 다발, 즉 광선속을 둘로 나누고, 이렇게 만들어진 2개의 광선속을 서로 다른 경로를 지나게 한 다음에 겹치게 하

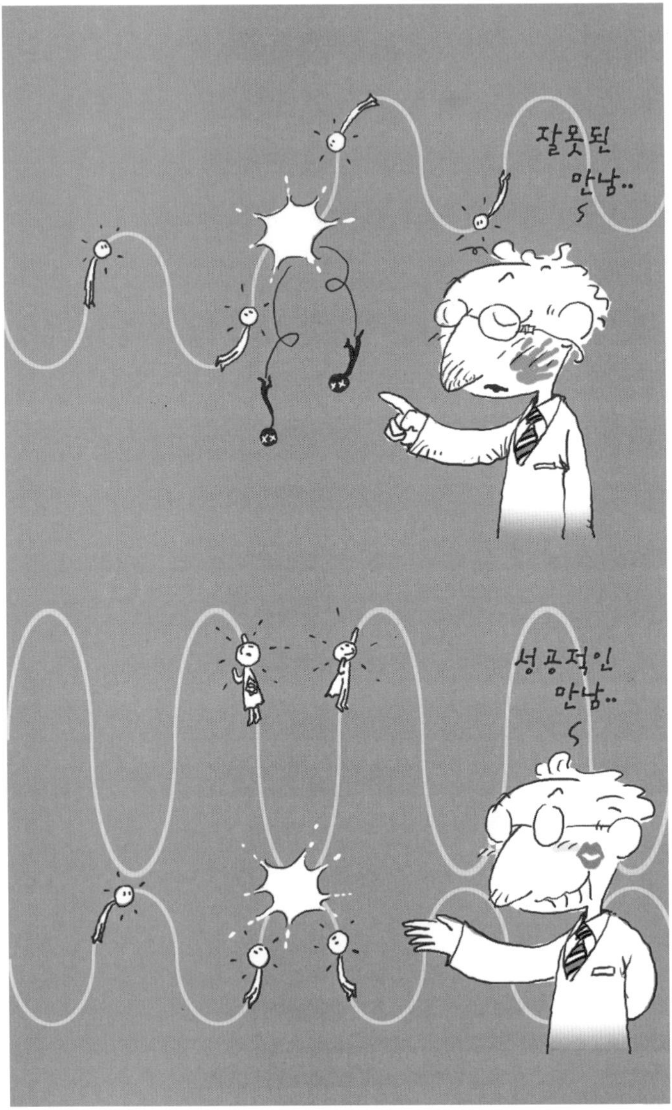

빛을 파동이라 생각할 때, 두 파동의 마루와 마루가 만나면
파동은 2배로 커지고, 마루와 골이 만나면 파동(빛)은 사라진다.

면, 보강 간섭으로 인해 2배로 밝아지는 영역과 소멸 간섭으로 인해 어두워지는 영역을 볼 수 있다.

우주 간섭계에서는 서로 떨어져 있는 여러 대의 망원경들을 통해 모아진 빛을 다시 조합한다. 그러한 시스템의 각분해능은 망원경들 사이의 거리에 따라 달라진다. 예를 들어, 30미터 거리로 떨어진 1미터짜리 망원경 2대가 있으면 각거리 65밀리초에 대한 각분해능을 얻을 수 있다. 지름 30미터짜리 초대형 망원경이 굳이 필요하지 않다는 얘기다.

그런데 이러한 해결책에도 아쉬운 점이 두 가지 있다. 망원경들 사이의 공간을 거울 하나로는 소화할 수 없어서 기기가 모으는 빛이 훨씬 적다는 것과, 행성의 빛 이미지를 그대로 얻는 것이 아니라 간섭에 따라 밝은 영역과 어두운 영역의 연속적인 상만을 얻을 수 있다는 것이다. 하지만 간섭계의 배치를 다양하게 바꿔 상을 얻은 다음 이미지를 다시 구성하면 중요한 정보를 뽑아 낼 수 있다. 유럽 우주국은 다윈 프로젝트 차원에서 각각 3미터짜리 망원경을 실은 위성을 3~4개 띄울 계획인데, 그 위성들은 우주 공간에서 망원경 연결망, 즉 일종의 네트워크를 만들게 될 것이다.

그럼 이제 남은 것은 대비 문제를 어떻게 해결하느냐는 것이다. 고대비 관측의 예는 태양의 코로나●를 통해 설명할 수 있다. 보통 때는 구분할 수 없지만 개기 일식이 일어나는 동안에 관찰할 수 있는 태양의 코로나는 다름 아닌 태양의 대기에 속한다. 프랑스의 천문학자 베르나르 리오•는 일식이 일어나지 않을 때도 그 현상을 연구하기 위해, 1930년대에 **코로나그래프**라는 장치를 발명했다. 태양의 표면을 정확히 가릴 수 있는 크기의 불투명 원판을 이용해서 인공적으로 일식을 만드는 것이다.

그러한 발상이 널리 퍼지면서, 현재 코로나그래프는 빛이 나오는 근처의 어두운 부분을 관측할 수 있도록 그 빛의 중심을 가리는 기기를 가리키게 되었다. 하지만 다윈 연구 계획에 그 원리를 맞추어 사용하는 것은 조금 까다롭다. 코로나그래프 방식의 간섭계를 작동시키려면, 망원경이 가리키는 방향, 곧 별의 방향에서 오는 빛은 소멸 간섭이 일어나도록 하고, 행성

• • •

코로나 태양 대기의 가장 바깥층을 구성하는 부분. 개기 일식으로 태양의 광구가 달에 가려졌을 때 그 둘레에서 태양 반지름의 몇 배나 되는 구역에 걸쳐 희게 빛나는 부분을 말한다.

베르나르 리오(1897~1952) 프랑스의 천문학자. 파리 대학에서 기술 설계, 물리학 및 화학을 공부하였고, 코로나그래프를 발명하였으며, 계속해서 코로나그래프를 완전하게 만들기 위해 노력했다. 여러 가지 업적으로 천문학과 관련된 많은 상을 수상하였다.

에서 오는 중심 바깥쪽의 희미한 빛은 보강 간섭이 일어나도록 다시 조합해야 한다. 관측자의 입장에서 봤을 때 별은 사라지되, 행성은 영향을 받지 않게 해야 된다는 얘기다.

따라서 이론만으로 따져 보면 코로나그래프 방식의 간섭계는 지구형 외계 행성을 직접 탐지해서 분광 분석법을 사용할 수 있는 해결책을 제공한다. 그러나 실제로는 원하는 방식대로 간섭이 생기도록 하려면 각 위성들의 서로 다른 위치를 귀신같이 알고 있어야 한다. 나노미터, 즉 100만 분의 1미터를 다시 1,000개로 쪼갠 만큼의 오차로 정확하게 말이다! 그러한 기능을 가진 기기를 앞으로 10년 안에 만들기 위해 유럽 우주국과 천문학계에서는 많은 노력을 기울이고 있다.

다윈 프로젝트에서 선택한 것들만 현재 연구되고 있는 것은 아니다. 크고 작은 수많은 독창적인 생각들이 연구실 실험 단계에서 진행되고 있다. 미국 항공 우주국은 간섭계 방식에 대해 확신을 얻은 후, 베르나르 리오가 발명한 것과 비슷한 코로나그래프가 장착된 망원경 1대를 이용하는, 지구형 행성 탐지기 프로젝트에 힘을 기울이고 있다. 스펙트럼의 가시광선 영역을 관측하고자 하는 것으로, 따라서 100억 배의 대비를 보이는 두 빛을 구분하게 될 것이다. 그 대신 망원경의 크기는 커져서 6~8미터가 된다.

필요한 대비 값에 이르기 위해서는 매우 안정된 기기와 일련의 완벽한 조절 시스템이 필요하다. 특히, 컴퓨터로 그 모양을 조절할 수 있는 '변형 거울'이라는 특별한 거울이 장치에 포함될 예정이다. 거울 표면을 아무리 정밀하게 만든다고 해도 거기에 비치는 물체의 형상까지 정말 정확하게 하기는 적어도 지금의 기술로는 어려운 일이다. 따라서 그러한 결함을 꾸준히 보완하기 위해 변형 거울을 사용해야 한다. 간섭계와 비교해서 코로나그래프가 가진 장점은 간섭에 따른 상이 아니라 있는 그대로의 상을 얻을 수 있다는 점이다. 안타깝게도, 실제로 사용하기까지는 어려움이 많지만 말이다.

천문학자들과 우주 관련 기관들이 외계 행성의 특징을 정확히 밝혀내기 위해서는 가시광선 영역과 적외선 영역에서 동시에 관측해야 한다. 앞으로 15~20년 후에는 코로나그래프가 간섭계와 함께 외계 행성 탐사에 나서게 될 것으로 보인다.

5

우주에 또 다른 세계가 있을까?

외계인의 메시지를 받는 것이 가능할까?

SETI는 미국의 '외계 지적 생명체 탐사' 프로젝트이다. 이미 여러분도 한 번쯤은 들어 본 얘기일 것이다. 칼 세이건의 소설 『콘택트』를 읽어 보거나, 조디 포스터가 여주인공을 맡았던 같은 제목의 영화를 본 적이 있는가? 그 작품을 보면, 발전된 외계 문명에서 오는 메시지를 알아차리기 위해 하늘을 향해 거대한 안테나가 설치돼 있다. 따라서 SETI 프로젝트의 밑바탕에는 우주로 신호를 보낼 수 있을 만큼 기술이 발달한 외계 문명이 어딘가에 존재하고, 또 무엇보다도 그 외계 문명에서 우주로 신호를 보내려 한다는 사실이 전제되어 있어야 한다.

기술의 발달 속도를 보아, SETI의 연구원들은 지금부터 최대한 100년 안에 은하의 모든 별에서 오는 신호를 듣게 될 것이라고 계산하고 있다. SETI 연구원들의 의지와 욕심은 어느 정도 이해가 된다. 외계로부터 메시지를 받는다는 것은 그만큼 엄청난 사건일 테니까 말이다. 하지만 만일 전해져 오는 메시지가 없다면, 우리 또한 아무것도 받지 못할 것이다. 이것이 SETI 프로젝트가 가지고 있는 맹점이다.

'외계 행성 전문' 천문학자들은 물론 더 발전적인 방법들을 선호한다. 행성이 만들어지는 과정을 이해하고, 지구형 행성이나 거대 행성, 또는 기타 행성 등 서로 다른 성질의 행성들이 어느 정도 분포하는지 그 주성의 특징과 관련해서 파악하고, 또 어떤 행성이 생명체가 살 수 있는 곳인지를 가려내고, 그 대기에서 생명의 신호를 찾아내는 것 등등. 이러한 방법들은 외계인의 메시지를 받는 것에 비해서는 아무래도 흥미가 덜하겠지만, 여러 장점을 지니고 있다. 우리는 그 과정들을 통해 우주에 대해 더욱 깊이 알아 갈 수 있으며, 만일 외계 생명을 찾지 못할 경우에도 왜 유독 지구에만 생명체가 존재하는지 이해할 수 있을 것이기 때문이다.

외계 행성에서도 생명체가 살 수 있을까?

15년 쯤 후에는 지구와 비슷한 외계 행성들이 어떤 별 주위를 돌고 있는지 우리 아이들에게 가르쳐 줄 수 있을지도 모르겠다. 그러면 그 행성으로 메시지를 보내고 싶어 하는 사람도 있을 것이다. 그런데 이런 경우 50광년 떨어진 곳에 위치한 행성으로 보낸 메시지는 50년이 걸려야 도착할 수 있다는 사실을 기억해야 한다. 외계 행성에서 어떤 생명체가 우리의 메시지를 받고 또 거기에 대답을 한다고 하더라도, 그 후 또 50년이 지나기 전에는 답을 받을 수 없다는 얘기다. 그러므로 외계 행성과의 대화를 계속 이어가는 것은 우리 후손들이 해야 할 몫이다.

하지만 우리와 의사소통을 하고 싶어 하고, 그럴 방법도 있는 외계인이 지구 가까이에 존재하는지, 그리고 이미 그런 시도를 했는지는 확실치가 않다. 그보다는 지금 생명체가 살지 않는다고 하더라도 앞으로 살 수 있는 행성을 찾아내는 것이 우주 여행의 발전을 위해서는 더 중요할지도 모른다. 어쨌든 인류는 40억 내지 50억 년 안에 그러한 기술을 필요로 할 것이다. 왜냐하면 먼 미래에는 태양의 수소 저장 창고가 바닥나면 태양이 지구를 집어삼킬 만큼 커지게 되고, 그에 따라 지구에서는 아무것도 살 수 없을 것이기 때문이다.

물론 그런 무서운 상황을 기다리고 있을 필요 없이, 영화 속 우주선을 현실에서 보게 될 수도 있다. 파리 천체 물리학 연구소의 니콜라 프란초스[•]는 영국의 다이달로스 프로젝트[•]에서 말하는 종류의 우주선을 앞으로 몇 세기 안에는 실제로 검토하게 될 것이라고 얘기한다. 그 우주선은 유효 적재량 450톤에 50년 동안 초속 3만 6,000킬로미터의 속도로 가까운 별에 갈 수 있다! 단, 세계 경제가 꾸준히 1퍼센트씩 성장하여 그 프로젝트를 뒷받침해 주고, 세계 전체 에너지의 1퍼센트를 계속해서 프로젝트를 위해 사용할 경우에나 가능한 이야기겠지만 말이다.

• • •

니콜라 프란초스 프랑스의 천체 물리학자로, 프랑스 국가 과학 연구소의 연구원이다. 1986년부터 파리에 있는 천체 물리학 기구에서 일하고 있으며, 일반 사람들을 위한 과학의 대중화에 힘쓰고 있다.

다이달로스 프로젝트 다이달로스라는 유인 우주선을 만드는 계획이다. 항성 간 여행, 즉 태양계를 벗어난 우주 저편까지 날아가는 것을 목표로 하고 있으며, 앞으로 150년에서 200년 이후에나 가능할 것으로 예상되는 장대한 계획이라고 할 수 있다.

우주의 생명체를 찾는 일은 왜 중요할까?

이제, 그저 상상만 해 왔던 것들을 실제로 의논할 수 있는 시대가 되었다. 우리는 그런 의견을 뒷받침할 수 있는 기술과 도구들을 갖추게 되었다. 그에 따라 앞에서 살펴보았듯이, '우주에 또 다른 세계가 있을까?' 라는 질문에도 희망적인 대답을 할 수 있게 되었다. 태양과 비슷한 별 주위로 돌고 있는 거대 외계 행성이 130개도 더 되니까 말이다!

앞으로 5년 내지 7년 후면, COROT와 케플러 우주 프로젝트를 통해 지구형 행성이 다른 행성들에 비해 얼마나 되는지도 알게 될 것이다. 그리고 15년이 지난 즈음에는, 다윈 우주 천문대와 지구형 행성 탐지기를 통해서 그 행성들이 어떤 성질의 대기를 가졌는지 알 수 있을 것이며, 따라서 '생명체가 살 수 있는 행성이 있을까? 어쩌면 이미 살고 있는 것은 아닐까?' 라는 물음도 풀 수 있을 것이라고 생각한다. 그 외계 행성의 상세한 영상을 가져오는 방법에 대해서는 천문학자와 영상 공학자들이 벌써부터 연구하고 있으니 걱정할 필요가 없다.

만약 지구만이 단 하나의 특별한 행성이라고 밝혀진다 하더라도 그 모든 작업이 헛된 일은 아닐 것이다. 우리는 그러한 과정을 통해 태양계가 어떻게 만들어졌는지, 또 지구에 생명이 어떻게 나타났는지 이해할 수 있을 것이다. 그리고 이 우주에 왜 우리만 존재하고 있는지에 대해서도 말이다.

더 읽어 볼 책들

- 조재성, 『**우주로 가는 항구**』(가람기획, 2003).
- 데이비드 제프리스, 강윤재 옮김, 『**외계 생명체를 찾아서**』(아이세움, 2001).
- 도널드 골드스미스, 곽영직 옮김, 『**오리진**』(지호, 2005).
- 로베르토 가푸초 돌세타, 이충호 옮김, 『**우주**』(사계절출판사, 2004).
- 케네스 C. 데이비스, 이충호 옮김, 『**우주의 발견**』(푸른숲, 2003).
- 케네스 C. 데이비스, 노태영 옮김, 『**울퉁하고 불퉁한 우주 이야기**』(푸른숲, 2004).

논술 · 구술 기출 문제

논술·구술 시험은 논리적이고 종합적인 사고를 요구한다. 다음에 제시된 문제는 이 책의 주제와 연관이 있는 논술·구술 기출 문제이다. 이 책을 통하여 습득한 과학적 지식과 원리, 입체적이고 논리적인 접근 방식을 활용하여 스스로 문제에 답해 보자.

▶ 외계 천체에 생명체가 존재하는지의 여부는 그 천체의 대기를 분석함으로써 알 수 있다. 그렇다면 대기가 존재하기 위한 조건(화합물의 종류와 역할)을 말하시오.

▶ 지구 대기는 질소, 산소, 이산화탄소, 그리고 소량의 헬륨과 수소 등으로 이루어져 있다. 지구보다 질량이 작은 행성의 대기는 어떻게 구성되어 있을까? 대기 성분의 관점에서 생명체가 존재할 수 있는 행성의 질량을 지구와 비교하여 추정하라.

옮긴이 | 김성희

부산대 불어교육과 및 동대학원을 졸업했으며 현재 전문 번역가로 활동 중이다.

민음 바칼로레아 42

생명체가 살고 있는 또 다른 행성이 있을까?

2판 1쇄 펴냄 2021년 3월 30일
2판 5쇄 펴냄 2024년 8월 8일

1판 1쇄 펴냄 2006년 8월 18일
1판 3쇄 펴냄 2013년 9월 19일

지은이 | 파스칼 보르데
감수자 | 곽영직
옮긴이 | 김성희
발행인 | 박근섭
펴낸곳 | ㈜민음인

출판등록 | 2009. 10. 8 (제2009-000273호)
주소 | 06027 서울 강남구 도산대로 1길 62 강남출판문화센터 5층
전화 | **영업부** 515-2000 **편집부** 3446-8774 **팩시밀리** 515-2007
홈페이지 | minumin.minumsa.com

도서 파본 등의 이유로 반송이 필요할 경우에는 구매처에서 교환하시고
출판사 교환이 필요할 경우에는 아래 주소로 반송 사유를 적어 도서와 함께 보내주세요.
06027 서울 강남구 도산대로 1길 62 강남출판문화센터 6층 민음인 마케팅부

ISBN 979 11-5888-804-6 04000
ISBN 979 11-5888-823-7 04000(set)

㈜민음인은 민음사 출판 그룹의 자회사입니다.